Lb 41 968

CAMPAGNE DE LA VENDÉE,

DU GÉNÉRAL DE BRIGADE

WESTERMANN,

COMMANDANT EN CHEF LA LÉGION DU NORD.

Contenant tous les faits à sa connoissance, sur lesquels la Convention Nationale et son Comité de Salut public lui ont demandé les détails.

A PARIS,

De l'imprimerie, rue du Théâtre-Français, n°. 4.

L'an deuxième de la République française, une et indivisible.

[illegible]

CAMPAGNE

DE LA VENDÉE.

Je suis arrivé , vers le milieu de juin , l'an premier de la République , avec ma légion , à Saint-Maixent ; le général Biron avoit alors le commandement en chef de l'armée.

Le 20 du même mois , je fus prévenu que les brigands avoient résolu l'attaque de Niort, qu'un grand rassemblement se formoit pour cet effet à Parthenay, en vertu de l'ordre de Biron. Je pars la même nuit avec 1200 hommes de ma légion. Je me trouve aux portes de cette ville à deux heures du matin. Les avant-postes ennemis furent surpris et égorgés , les portes de la ville enfoncées à coups de canons ; et au milieu d'un feu bien soutenu , j'y entre avec ma petite infanterie au pas de charge , tandis que la cavalerie tournoit la route de l'autre extrêmité de la ville.

10 à 12 mille brigands prirent la fuite , aban-donnant leur artillerie ; beaucoup furent taillés en pièces et faits prisonniers ; quan-tité de pain , de bœufs et de chevaux fut la prise de cette journée , et Niort qui alors n'étoit pas encore fortifié , ne fut pas attaqué. Le lendemain , je retournai à St. Maixent , les brigands marchèrent aussitôt sur Nantes , et une armée de 40 mille hommes assiégea cette place. Biron me donne l'ordre de marcher à sa défense , et me renvoie un renfort de deux foibles bataillons. En marchant par Tours , il étoit impossible d'arriver à tems , je pris donc le parti de marcher droit sur Nantes en traversant le pays ennemi. Je pars le 30 juin , avec 2,500 hommes , Parthenay étoit encore tombé au pouvoir des ennemis qui , à mon approche , évacuèrent cette ville en la livrant au pillage.

Le premier juillet , après une foible résis-tance , je pris Amaillou , un des repaires des brigands où plusieurs ont été tués et quatre membres du comité royaliste faits prisonniers , beaucoup de chevaux et de bœufs furent pris et tout fut renvoyé à Niort. Voulant donner l'exemple de la vengeauce du pillage de

Parthenay, je livrai au pillage Amaillou, en renvoyant tous les meubles et effets pour être distribués aux patriotes de Parthenay. Avant de quitter Amaillou j'y ai fait mettre le feu, et le même jour je me suis porté à Clisson pour investir le château de l'Escure; ce brigand s'occupoit à l'évacuation de ce château ; mais prévenu de mon arrivée, il prit la fuite avec tout son monde, et le château fut livré au pillage et réduit en cendres.

Dans le pays insurgé, le tocsin sonnoit de toute part, et le rassemblement se formoit à Bressuire. Du haut du clocher l'Escure voyoit en pleurant les flammes de l'incendie de son château, et crioit à la vengeance. J'apprends que le rassemblement étoit environ de vingt mille hommes avec quatre pièces de canon. Le 2 juillet je marche fièrement sur cette place. Les brigands étoient tellement intimidés par ces incendies, qu'ils prirent la fuite sans tirer un seul coup de fusil.

Le trois juillet je dirige ma marche sur Châtillon, je retrouve la même armée qui avoit si lâchement fui la veille, en position ; le canon braqué sur la hauteur des Moulins-des-Bois-aux-Chèvres, à deux lieues de cette ville. A l'instant je fais mes dispositions , et , sans consulter le nombre , je forme l'attaque. Après deux heures de combat où l'ennemi a perdu dix fois plus de monde que moi , je parvins à m'emparer de ces hauteurs et de ses canons et munitions , et à le mettre en fuite sur la route de Châtillon ; dix fois l'armée ennemie s'est rangée en bataille devant moi, dix fois ma petite armée , toujours victorieuse, courut dessus et la battit. Enfin le même jour 3 juillet , à cinq heures du soir , j'entre au pas de charge triomphant dans la fameuse résidence du conseil supérieur de Louis XVII , d'où j'eus le bonheur de délivrer près de 2,000 Républicains prisonniers , de me rendre maître de l'imprimerie, de magasins immenses, et des archives du conseil supérieur.

Le même soir je reçois une lettre du général Biron qui m'annonce qu'il fait marcher des forces de Niort et de Saumur pour faire sa jonction avec moi. Encore le même soir j'apprends que l'Escure avoit envoyé courier sur courier à l'armée devant Nantes , pour en faire lever le siège et se porter sur moi. Je pris aussitôt la position des hauteurs des Moulins devant Châtillon, pour donner aux forces de Niort et Saumur le tems d'arriver. Le 4, je fis brûler le château de la Roche-Jacquelin, autre général brigand.

Le 5, vers dix heures du matin, de bons citoyens de Saint Maixent et Parthenay, au nombre de 2,000 arrivèrent armés à Châtillon, ayant à leur tête Levecque et plusieurs administrateurs du district et officiers municipaux. Au moment où je m'occupois de l'organisation de cette nouvelle force, l'armée de Nantes qui avoit levé le siége, m'attaque ; un bataillon de l'avant-poste prend la fuite et abandonne ses fusils en faisceaux. Cette lâcheté favorisa l'approche de l'ennemi et occasionna le désordre dans ma petite armée. Mon artillerie fit un feu épouvantable, deux fois elle fit reculer l'ennemi qui approchoit de la hauteur en perdant beaucoup de monde ; mais enfin, abandonné par l'infanterie, les brigands vinrent à portée de fusil, le ventre à terre, tuèrent les canonniers à leurs pièces. Ces derniers furent forcés de se retirer et d'abandonner leurs canons. La déroute fut complette, tout devint la proie de l'ennemi qui me tua au moins deux cents hommes et fit près de mille prisonniers. Je fis ma retraite sur Parthenay, où je ramassai les débris de ma petite armée, rencontrant 1500 hommes venant de Niort. C'est ainsi que le fruit de tant de victoires fut perdu dans un seul jour par le retard que les forces de Saumur et de Niort ont apporté à me joindre, mais du moins ma défaite a été avantageuse à la ville de Nantes. Assurément, je n'avois rien à me reprocher dans cette affaire, néanmoins des commissaires du pouvoir exécutif, éloignés de vingt lieues de moi, me dénoncèrent aussitôt comme traître. Je fus traduit à la barre de la Convention, de-là un tribunal militaire à Niort. Voici le dispositif du jugement qui en résulté.

« Il a été dit à l'unanimité qu'il n'y a lieu à
» accusation contre le général Westermann,
» dans l'accusation contre lui formée, attendu
» que la conduite de ce général, à Châtillon,
» dans la journée du 5 juillet, est digne des
» plus grands éloges, que les dispositions par
» lui prises pour s'assurer la victoire, annon-
» cent un général consommé dans l'art de la
» guerre, tant à cause de sa fermeté que par les
» principes d'humanité qu'il a manifestés. En
» conséquence renvoyé à ses fonctions ».

Le 4 septembre, ce jugement fut approuvé et enregistré au procès-verbal de la convention. Aussitôt je retournai à l'armée, que je rejoignis à Fontenay-le-Peuple, sous le commandement en chef de Rossignol.

Le comité de salut public s'étant apperçu que les généraux traîtres, pour faire détruire nos armées et alimenter les brigands, avoient disséminé nos forces de manière à nous faire battre chaque jour individuellement, avoit arrêté un plan d'attaque générale avec la levée de la masse du peuple. Ce plan indiquoit à chaque armée, l'heure, le jour, le lieu où et quand elle devoit marcher et agir. L'ennemi dans moins de six jours, se trouvant cerné dans un très-petit espace de terrein, par 200 mille hommes, étoit réduit à l'impuissance de résister à une force aussi imposante, et si bien distribuée pour une attaque générale. La guerre pouvoit finir dans un jour.

L'armée de Mayence avoit aussi sa destination, et la force du peuple en masse fut distribuée à chaque armée. A Fontenay-le-Peuple, j'ai vu cette masse laissée six jours dans l'inaction, ensuite s'avancer à la Châtaigneraye, où elle resta encore dans la même inaction pendant huit à dix jours. L'armée de Mayence, seule, s'étoit avancée à l'heure, au jour et au lieu indiqué par le conseil de guerre, à Saumur, rédigé sur le plan du comité de salut public, lorsque, le 19 octobre, l'ordre de Rossignol parvint au général Chalbos, pour faire rétrograder sur Fontenay-le-Peuple l'armée de la Châtaigneraye, et celle de Mouil-leron et Chantonnay, sous le commandement du général Befroy sur Luçon. Ce mouvement rétrograde jetta le peuple et l'armée dans la consternation. L'on cria hautement à la trahison. Les armées se replièrent aux postes indiqués, et la masse du peuple déserta. C'est de cette manière que le déplacement ruineux de 150 mille citoyens, qui avoient abandonné leurs travaux pour voler à la défense de la République, a été rendu infructueux. Le général Nouvion, qui a témoigné du mécontentement sur cet ordre rétrograde ; le général Ray, qui avoit un peu avancé et battu les brigands ; moi qui chaque jour faisois de petites expéditions heureuses, nous fûmes tous trois suspendus par le ministre de la guerre, et ce n'a été que par un arrêté des représentans du peuple que je suis resté à l'armée.

Six jours après , Rossignol écrivit au général Chalbos , à Fontenay-le-Peuple , de reprendre la position de la Châtaigneraye , et de faire reprendre à Befroy sa même position , ajoutant qu'il n'a jamais eu l'intention de faire rétrograder les armées, que si sa lettre contenoit cet ordre, ce n'a été qu'une faute du copiste et de son secrétaire. Ces deux lettres sont entre les mains du général Chalbos.

Dans ce moment, l'armée de Saumur fut battue et mise en déroute , plus de 20 pièces de canons et de caissons furent pris par l'ennemi ; l'armée des Sables eut le même sort. Aussitôt après ces défaites , Rossignol fut renvoyé à l'armée des côtes de Brest , et remplacé par le général Léchelle. Enfin , après huit jours de station à la Châtaigneraye , nous arrivons à Bressuire, le 9 octobre , sans obstacles. L'armée de Saumur fit sa jonction avec nous , ce qui nous rendoit forts de 20 mille hommes. Le 11 , nous marchons par trois colonnes sur Châtillon , l'armée catholique et royale nous attendoit sur la hauteur des moulins du Bois-des-Chèvres ; j'étois à la queue de la colonne du centre , l'armée s'arrête, et je reçois l'ordre d'avancer avec ma légion : ma brigade me suit. Notre artillerie se place sur la hauteur, je forme l'attaque, et le feu devient sérieux de part et d'autre. Déjà j'avois replié quelques pas, lorsque les braves grenadiers de la Convention vinrent à mon secours ; nous fonçons avec tant d'intrépidité sur l'aîle gauche de l'ennemi, que bientôt il fut mis en déroute. Le général Chalbos battit la droite. Profitant de la déroute, je poursuivis les brigands avec environ 2,000 hommes, et le même jour, à cinq heures du soir, j'entrai pour la seconde fois triomphant dans Châtillon. Pour la seconde fois j'eus le bonheur de délivrer quantité de prisonniers. Je pris l'imprimerie, quelques bouches à feu et les magasins. Chalbos quoiqu'instruit par mon ordonnance, ne vint que le lendemain, une heure après midi, avec l'armée, à Châtillon.

Je dois rendre compte ici d'un fait bien intéressant. J'ai pris à Châtillon les papiers du comité de l'armée catholique. Les représentans du peuple, Bellegarde, Choudieu et Fayaux, se logèrent dans la maison de ce comité, où ils trouvèrent copie de l'arrêté et du plan de campagne du comité de salut public de la Convention et du conseil de guerre, tenu à

Saumur, pour l'exécution de ce plan, avec des lettres intéressantes ; mais le porte-feuille de Bellegarde, qui renfermoit ces mêmes pièces, s'est trouvé perdu dans l'affaire qui eut lieu le lendemain.

Le jour suivant, 13, l'ennemi nous attaque, et toute notre armée est mise en déroute, nos canons, caissons, vivres, trésor, enfin, tout fut abandonné à l'ennemi. La division du général Muller fit sa retraite sur Thouars, tandis que ce général s'étoit sauvé et cherchoit sa division à Bressuire, où il arriva le premier. Pendant que tout fuyoit, les braves grenadiers de la Convention s'étoient seuls rangés en bataille derrière Châtillon ; de tous les soldats, je sortis le dernier de cette ville ; un brigand s'attache à la queue de mon cheval ; un coup de revers me débarrassa de lui. J'ordonnai à ces grenadiers, en trop petit nombre, de partir, ils s'y refusèrent et crièrent tous qu'ils vouloient mourir à leur poste, plutôt que de fuir : enfin, je fus obligé d'employer la menace, je fus obéi ; je favorise leur retraite, ainsi que celle de l'armée, avec une centaine d'hommes de cavalerie, et je fis mettre beaucoup de ces vieux militaires, restés en arrière, en croupe derrière les cavaliers.

Plus de cinq heures, nous fumes toujours en prise avec l'ennemi. J'eus beaucoup de cavaliers tués et blessés : n'ayant plus de cartouches, le reste faisoit mine de ne plus vouloir tenir, notre infanterie fuyante auroit été hachée par la cavalerie ennemie ; réduit au désespoir, et n'en pouvant plus de sueurs et de fatigues, je jette mon habit bas, je rallie ma cavalerie, et nous chargeons l'ennemi avec tant de précipitation que nous parvinmes à le faire reculer un moment ; cela donna le tems à notre infanterie de se reconnoître ; enfin, à la nuit tombante je trouve, pas loin de Bressuire, le général Chalbos avec environ 6 à 7 ou hommes d'infanterie et 100 hommes de cavalerie ralliés dans une plaine. Dans la fureur, je cours à lui, je lui présente mon sabre et lui dis : « tout le monde m'a abandonné, je ne sers plus avec des lâches ! » Toute la petite armée m'entoure à l'instant et jure qu'elle ne m'abandonneroit pas : « eh bien ! dis-je, si vous êtes vrais, si vous êtes encore les défenseurs de la République, retournez avec moi à Châtillon y chercher tout ce que nous y avons si lâchement abandonné, ou y mourir avec moi ». Profitant de la nuit, et suivi d'environ 3 à

400 hommes d'infanterie et d'une centaine de cavalerie, je charge l'ennemi avec tant d'impétuosité que nous renversons tout ce qui se présente devant nous. Les brigands en fuite, j'en profite et pousse droit à Châtillon, en criant : vive le roi ! Je surprends et fais tailler en pièces tous les avant-postes ennemis : j'entre de la même manière dans la ville où je fis un carnage épouvantable. 25,000 brigands prennent la fuite, abandonnant trésor et tout ce qu'ils nous avoient pris, leurs drapeaux et environ 1,000 à 1,200 prisonniers du même jour. Je les poursuis avec ma cavalerie jusqu'à une lieue de Mortagne, et je brûle en leur présence le village du Temple. J'avois laissé mon infanterie à Châtillon faire des visites domiciliaires ; j'envoyai prévenir Chalbos, pour le prier de venir à mon secours avec la force qu'il auroit pu ramasser ; il vint effectivement avec quelques cents hommes vers minuit, prit le trésor, et quitta Châtillon aussitôt emmenant même avec lui l'infanterie que j'y avois laissée. Je frémissois, lorsqu'à mon retour à 4 heures du matin le 14, je trouvai Châtillon abandonné. Je voulois finir une bonne fois de ce repaire, devenu si souvent

funeste à nos armées. Je fis mettre pied à terre à ma cavalerie, et fis mettre le feu. Vers onze heures du matin, toute la ville étoit incendiée. Plus de 2000 brigands cachés dans les greniers, sautèrent par les fenêtres, et périrent encore. Je favorise l'évacuation, et je rejoins vers une heure l'armée près de Bressuire, les drapeaux ennemis flottant par-dessus ma tête. La joie que l'armée témoignoit est inexprimable, et chacun regrettoit de n'avoir pas retourné avec moi à Châtillon. *Je ne veux point chercher quelle politique avoit soustrait un pareil fait à la onnoissance nationale.*

A Bressuire, l'on a mis tous les soins à réorganiser l'armée. Le lendemain quinze, je fus envoyé avec 2000 hommes pour garder le poste de Châtillon. L'armée de Mayence prit Mortagne le 16 octobre, et le 17, Chollet : le même jour nos armées firent la jonction dans cette dernière ville.

Le 18, l'ennemi attaqua Chollet, l'armée de Mayence le repoussa et lui prit dix pièces de canon. Je me mets à poursuivre les brigands avec la cavalerie et environ 4,000 hommes d'infanterie, conduits par les généraux Axo,

Beaupui

Beaupui et Chabo. Il faisoit nuit lorsque nous nous trouvames sur une hauteur à trois lieues de Beaupréau. Je connoissois le poste redoutable de cette place, il falloit le prendre de surprise, ou risquer une bataille meurtrière ; comme le plus ancien officier général, je prends le commandement de la troupe, qui toute la journée sans vivres, s'étoit battue, et n'a pas hésité un instant de marcher et de combattre encore la nuit.

Le 19, vers une heure du matin, je me trouve devant Beaupréau ; trois avant-postes ennemis furent égorgés à l'arme blanche. Au premier coup de canon ennemi, nous sommes sur son canon, et nous entrons au pas de charge dans la ville : tout ce qui se présente devant nous est renversé et taillé en pièces ; 20,000 brigands prirent la fuite, abandonnèrent 10 pièces de canons et caissons, un moulin à poudre, 30 à 40 mille rations de pain, beaucoup de vin et autres denrées, et des prisonniers en grand nombre. Je dépêche aussi-tôt une ordonnance au général l'Echelle à Chollet, je lui demande du secours pour pouvoir me porter à Saint-Florent pousser l'ennemi dans la Loire ; l'Echelle n'arrive avec l'armée qu'à six à sept

B

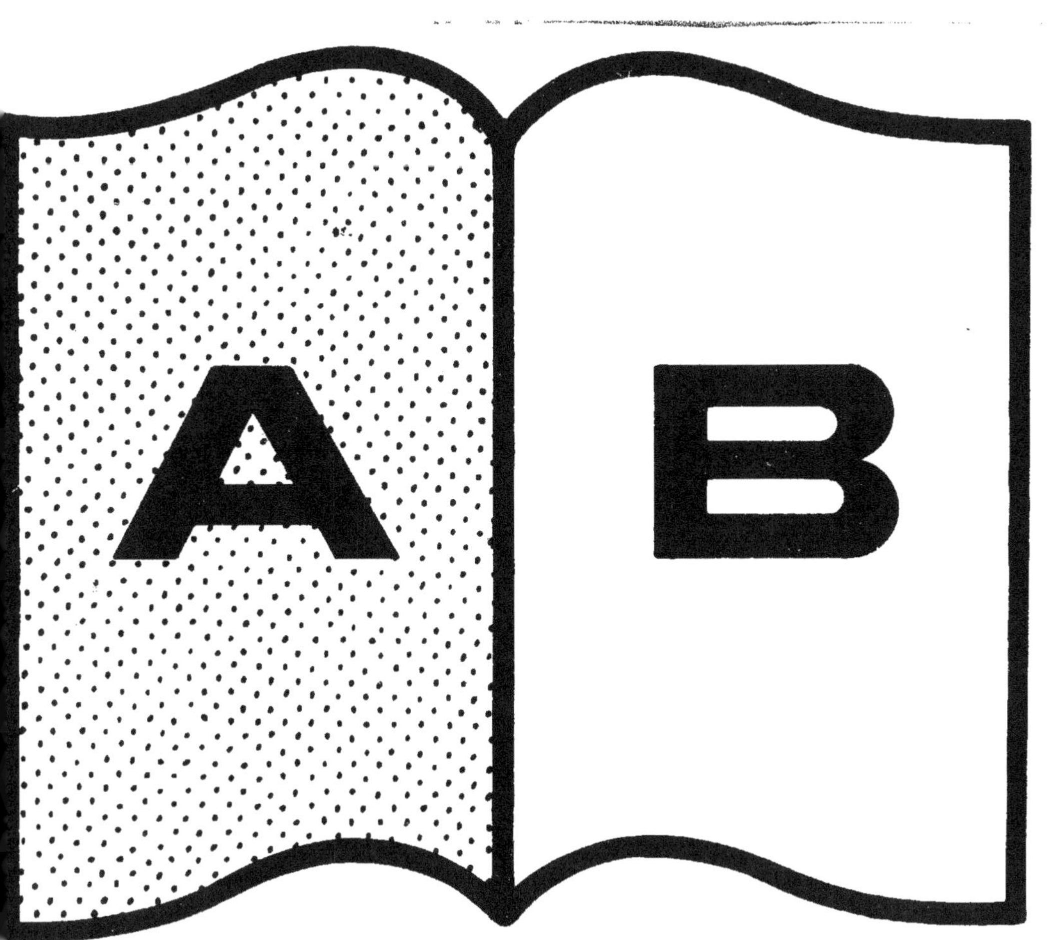

Contraste insuffisant

NF Z 43-120-14

heures du soir, et l'ennemi toute la journée passe tranquillement la rivière.

Le 20, l'armée dirige sa marche sur Nantes, elle y arrive le 21. Le commandant de la force armée à Montaigu reçoit ordre de rentrer dans cette ville avec sa troupe. Il fait brûler beaucoup de munitions, du riz et des effets de campement, quitte Montaigu et reçoit le lendemain l'ordre de retourner au même poste.

Le 22, l'on me fit partir avec 1,500 hommes pour suivre et harceler l'ennemi qui s'étoit porté sur Château-Gontier; mais l'on me fit prendre par Norte, un détour de six à sept lieues, et pendant ce tems l'armée catholique s'éloigna sans inquiétude. Le 26, j'arrive à Château-Gontier, le général Beaupui y arrive aussi avec 2,000 hommes; l'ennemi étoit à Laval, nous marchames sur lui le même soir. Je forme l'attaque vers onze heures de la nuit; le combat dure plus de deux heures, et n'ayant plus de cartouches, je fus obligé de faire ma retraite sur Château-Gontier, qui se fit en très-bon ordre et sans perte.

Le 27, l'Echelle arrive avec l'armée, et l'attaque de Laval fût résolue pour le lendemain. Je reçois l'ordre d'aller à l'avant-garde

lui indiquer sa position ; il falloit pour arriver
à Laval, passer sur un pont placé dans un fond
au-delà du village d'Antrame, dominé par deux
hauteurs immenses. Le général Danican et moi
nous primes la position de ces hauteurs avec
800 hommes. Je fis avertir l'Echelle d'arriver
ou d'envoyer des forces pour fortifier ce poste
important ; il avoit placé l'armée à deux lieues
de là, et ordonna de quitter ces hauteurs.
Je lui fis sentir , mais inutilement , cette
faute, et lui prédis que l'armée seroit battue
à ce passage.

Le 28 , l'armée de 20,000 hommes se mit
en marche en procession sur une seule colonne ;
l'ennemi s'étoit emparé des hauteurs du pont,
et à notre approche nous cribla de mitraille :
bientôt l'armée est mise en déroute , l'ennemi
nous poursuit deux lieues au-delà de Château-
Gontier, et nous prit beaucoup de vivres,
munitions et canons. A cette occasion , le
général divisionnaire Muller a fui jusqu'à Angers, d'où il fut chassé par le comité révolu-
tionnaire la même nuit. Le lendemain l'armée
se replia à Lion-d'Angers et ensuite à Angers,
où elle resta douze jours pour se réorganiser.
Dans cet intervalle je fus envoyé à Niort pour

faire joindre tous les fuyards et forces disponibles à l'armée.

L'ennemi avoit quitté Laval et attaqué Grandville, où il fut repoussé avec perte et s'étoit retiré à Avranches. Je rejoins l'armée à Angers, qui le lendemain se mit en marche pour se rendre à Laval, où elle séjourna un jour. De-là nous partimes pour Vitré. Rossignol vint nous rejoindre dans cette ville, où nous restames encore un jour. Rossignol prend le commandement de l'armée, nous fait aller à Rennes, où nous fimes la jonction avec l'armée des Côtes de Brest aussi sous son commandement. Après un autre séjour nous marchames sur deux colonnes sur Antrin et une autre colonne sur Fougères. Le même jour de notre arrivée à Antrin, l'ennemi a battu une colonne de nos troupes qui s'étoit portée à Pontorson, et lui prit tous ses canons et munitions. La même nuit j'avance vers Pontorson avec environ 2,000 hommes ; les brigands à mon approche évacuent cette ville, abandonnant huit pièces de canons et plusieurs caissons. Je les poursuis jusqu'aux portes de Dol, leur prends neuf voitures d'équipages, et fais tailler en pièces tout ce qui étoit resté en arrière. J'envoie par une ordonnance prévenir Rossignol à Antrin ; je lui propose de surprendre l'ennemi dans Dol, d'attaquer de son côté cette ville sur la route d'Antrin, pendant qu'à minuit j'attaquerois sur la route de Pontorson. Un coup de canon devoit être le signal de l'attaque. Rossignol accepte la proposition et envoie la division de Muller pour cette attaque. Comme je connoissois la lenteur que souvent on mettoit dans les opérations, je ne commence l'attaque que vers trois heures du matin, Muller n'étoit pas encore arrivé. Le combat dura pendant plus de deux heures, l'aile droite de l'ennemi est battue et mise en déroute principalement par une division de gendarmerie de Paris. J'avois brûlé jusqu'à la dernière cartouche, par conséquent je ne pouvois hasarder l'entrée de la ville. Muller arrive de son côté vers les cinq heures du matin bien saoul ; il voit les brigands fuir, il arrête, et dit : l'ennemi est en déroute, il faut attendre le jour, et nous le poursuivrons. Cette inaction lui donna le tems de se rallier et de connoître notre foiblesse ; il marche sur Muller et sur moi, et tous deux nous fumes forcés à la retraite, lui sur Antrin et moi sur

Pontorson. Je propose à Rossignol une même attaque pour la même nuit ; il accepte encore ma proposition, et me renvoie 1500 hommes de renfort et des munitions. Je marche sur Dol, lorsque vers les dix heures du soir je reçois trois ordonnances de suite, me portant la défense d'attaquer et l'ordre de prendre position sur la route de Dol : j'obéis ; Rossignol prit position entre cette ville et Antrin. Le lendemain matin, l'ennemi marcha sur cette dernière ville, et Rossignol est mis en déroute. Le même jour je subis le même sort ; mais je soutins la retraite de l'infanterie par la cavalerie que je fis mettre à pied à plusieurs reprises en embuscade : je fais ma retraite sur Antrin, et j'entre dans cette ville, pour ainsi dire au même moment que l'ennemi. Notre armée se retire sur Rennes, où elle séjourne environ dix jours. L'armée des Côtes de Cherbourg, commandée en chef par le général Sepher, se trouvoit à Avranches : ce dernier refusa long-tems d'avancer ; enfin il fait sa jonction avec nous ; il fut suspendu à Rennes par les représentans du Peuple. C'est dans cette ville que le commandement général de la cavalerie de l'armée me fut donné.

Les divisions des généraux Klebert et Marceau
reçurent ordre de se rendre à Château-briant ;
le lendemain de leur arrivée, Marceau prévint
par une ordonnance Rossignol à Rennes, que
l'ennemi marchoit sur Angers, et demanda des
ordres : point de réponse. Le lendemain, une
seconde ordonnance pour le même objet,
Rossignol répond qu'il donneroit le lendemain
son ordre verbal à Château-briant. Dans cet
intervalle, Angers est assiégé, et Rossignol
n'arrive à Château-briant que deux jours après
sa lettre. La ville d'Angers fait résistance
pendant deux jours. Rossignol arrivant à Château-briant, fait partir à minuit la troupe qui
avoit si mal-à-propos séjourné quatre jours
dans cette ville. J'arrive le 14 frimaire à onze
heures du soir avec la cavalerie à Angers. L'ennemi découragé par la bravoure de la garni-
son et des habitans, lève le siège le 15 au matin
avec beaucoup de perte. Les généraux Klebert et Danican, (ce dernier commandant à
Angers, et qui avoit infructueusement envoyé
six couriers de suite à Rossignol avant et pendant le siège), s'étoient plaints du retard des
ordres de ce général. Tous deux ont été suspendus. Le premier a été conservé par un ar-

rêté des représentans du Peuple. Je reçois l'ordre de partir le même matin avec ma cavalerie et deux pièces d'artillerie volante pour suivre et harceler l'ennemi par-tout. Ici Rossignol quitte encore notre armée, retourne à Rennes, et Marceau en prend le commandement en chef par *interim* à la satisfaction de l'armée.

L'ennemi s'étoit retiré sur Beaugé. Tout ce qui étoit resté en arrière, tous ceux qui avoient couché et rodé dans les fermes et villages dispersés ont trouvé la mort dans la nuit. Le lendemain 16, je m'approche de Beaugé, j'y envoie quelques obus pour inquiéter l'ennemi qui s'occupoit d'une nouvelle réorganisation ; il se porte sur moi en force, je me replie jusqu'à Suède sans perte, en faisant front à chaque instant. A plusieurs reprises ma cavalerie mit pied à terre et s'embusqua. Cette manœuvre, soutenue par l'artillerie, coûta la vie à beaucoup de brigands.

La même nuit, le général Muller arriva à Suède avec sa division, et le 17 au matin, il me suit sur Beaugé. L'armée catholique et royale avoit évacué cette ville dès la pointe du jour et dirigé sa marche sur la Flèche. Elle avoit laissé une arrière-garde de cavalerie et d'infanterie avec une pièce de canon : arrivé devant Beaugé avant Muller, je l'attends pour être soutenu de son infanterie ; aussi-tôt son arrivée, je charge avec ma cavalerie celle de l'ennemi ; 40 cavaliers tombent sous nos coups, le reste se sauve et renverse jusqu'aux rangs de leur propre infanterie. Je dépêche deux ou trois ordonnances à Muller pour l'engager à me suivre ; il me fit froidement réponse qu'il savoit ce qu'il avoit à faire. Environ 150 hommes de son infanterie viennent à mon secours sans ordre, accompagnant mon artillerie : l'ennemi s'étant rallié sur une hauteur et ayant braqué son canon, le combat s'engage, et le canon ronfle plus d'une demi-heure. Je dépêche une autre ordonnance à Muller, qui s'obstine à ne pas avancer. Déjà ma petite infanterie et une partie des 300 hommes de cavalerie se replient, lorsqu'avec ma cavalerie je coupe l'ennemi par la droite et le charge sur son derrière. Il se sauve de toute part abandonnant son canon, fusils, sacs et sabots ; je le poursuis avec vigueur, et en fais un carnage effroyable jusqu'au pont de la Flèche, qui s'est trouvé coupé ; ce qui arrêta l'ennemi devant cette ville.

La nuit étoit survenue, et toute la force de l'armée catholique et royale étant réunie, je n'ai pu pousser ma victoire plus loin : j'établis mon bivouac en face des brigands. J'avertis encore Muller, mais inutilement, il s'étoit établi à Beaugé, et refusa d'avancer : il m'envoya cependant cinq à six cens hommes dans la nuit. Le 18, à la pointe du jour, j'attaque l'armée catholique qui, comme l'on doit bien croire, me repoussa ; je fis ma retraite sans perte sur Beaugé. Toute la matinée le canon ronfla, Muller resta tranquille ; mais le soldat, brûlant de combattre, prend les armes, et Muller fut obligé de sortir de sa coupable léthargie. Il s'avance avec sa division, et me trouve à deux lieues de Beaugé. Le général Legros marche avec sa brigade sur l'ennemi, le met en fuite. Nous le repoussâmes jusqu'au pont de la Flèche. Le gros de l'armée catholique s'avance encore sur nous, et nous repliâmes sans perte sur Beaugé.

Le 20, nous avançons encore, et nous établissons notre bivouac à une lieue de la Flèche. L'ennemi avoit réparé le pont, et étoit dans cette ville. La même nuit je fis égorger les avant-postes ennemis, l'armée devoit arriver aussi sur lui par Turtalle. Il évacua la ville le 29 à la pointe du jour, et recoupa le pont derrière lui. Vers sept heures du matin, le même jour, je me trouve avec ma cavalerie et 3oo hommes d'infanterie devant le pont coupé de la Flèche ; j'apprends que les brigands avoient filé sur le Mans. A l'instant je fais passer la rivière à ma cavalerie à la nage, et ma petite infanterie sur des poutres, des planches et des petites nacelles ; nous trouvâmes encore dans la ville quelques cents brigands qui furent tués et massacrés, et nous nous rendîmes maîtres de plusieurs canons, caissons et voitures. Je poursuivis l'ennemi jusqu'à Fulturte. La route étoit semée de cadavres ; la même nuit je fis égorger plus de six cents brigands qui avoient couché dans les villages et fermes dispersés.

Le 21, j'avance sur le Mans, et j'attaque l'armée royale le matin dans cette ville. Il paroîtra sans doute extravagant de toujours voir attaquer des villes avec de la cavalerie ; mais par ce moyen je lassai et dégoûtai les dévots de se battre. Je leur faisois user leurs munitions et j'empêchois la dévastation totale des campagnes. Aussitôt que l'infanterie ennemie se portoit sur moi, je battois en retraite en lui envoyant des boulets qui en étendoient toujours quelques cents. Ce jour je fus quitte pour me replier à une lieue du Mans.

Ma petite infanterie de 300 hommes qui formoit mon appui, arrive, elle bivouaque avec moi, nous étendîmes beaucoup nos feux, et le 22, à dix heures du matin, nous attaquâmes l'armée royale, forte d'environ 80 à 90 mille hommes. Elle étoit retranchée au Mans jusqu'aux dents, et partout des chevaux de frise étoient placés. J'avois embusqué ma petite infanterie : l'ennemi sort de ses retranchemens et se porte sur moi, nous soutenons le combat pendant près de trois heures, chaque coup de canon renversa des brigands; enfin, je fus obligé de replier, la cavalerie et le canon soutinrent la retraite de l'infanterie. Muller arrive avec sa division, il avance, mais à la première décharge il prend la fuite, et ordonne à sa troupe de le suivre, pour, dit-il, prendre position ; effectivement il prit cette position à Fouilleturte, à quatre lieues du Mans. La division de Cherbourg, commandée par le général Tilly, arrive après coup, elle avance fièrement sur l'ennemi, le combat s'engage, et en moins d'une heure les brigands se replient. Je me mets à la tête de ma cavalerie, et de concert avec la division de Cherbourg, nous chargeons l'ennemi avec tant d'impétuosité, que bientôt il fuyoit à toute jambe dans le Mans. Muller, qui me croyoit battu, motionnoit bien loin de l'ennemi contre moi auprès du représentant du Peuple Bourbotte, qui de bonne foi croyoit tout perdu : Marceau arrive, et me trouve à la poursuite de l'ennemi à trois portées de fusil du Mans ; il me remit la lettre suivante :

« Ton imprudente audace a déjà plusieurs
» fois compromis le succès de nos armes et
» le salut public ; tu viens encore par ton
» attaque de tantôt, de nous exposer à être
» battus et mis en déroute. Nous t'ordonnons
» de te renfermer strictement dans les ordres
» qui t'ont été donnés par le général en chef.
» Ces ordres te défendent d'attaquer l'en-
» nemi, mais seulement d'éclairer sa marche,
» de le harceler sur ses derrières, et de ne
» jamais engager d'actions. Songes qu'il y va
» de ta tête, elle est là pour nous répondre
» de ta soumission à ce qu'exigent de toi les
» représentans du peuple et le général en chef.
» *Signé*, BOURBOTTE ».

Il faisoit nuit, et Marceau donna ordre de prendre position devant le Mans, pour l'attaquer le lendemain. Il ne connoissoit pas comme moi les retranchemens de l'ennemi devant cette ville, l'attaque étoit difficile et auroit coûté la vie à bien de braves républicains; je lui dis que la meilleure position étoit dans le Mans, qu'il falloit profiter du moment; je marchai toujours en avant, Marceau me serra la main et me dit : *Tu joues gros jeu, brave homme, mais vas, je ne te quitte pas.* Nous doublons le pas, cavalerie et infanterie se mettent à courir, et nous sautons, pour ainsi dire, ensemble dans les retranchemens ennemis qui n'avoient pas eu le tems de se reconnoître, ni de se rallier, nous poursuivons les ennemis fuyant dans les fauxbourgs du Mans ; tout ce qui se présente devant nous est renversé et taillé en pièces, beaucoup de canons, caissons et voitures tombent en notre pouvoir, et les rues ne présentèrent que des monceaux de cadavres et des semées d'armes ; mais arrivant vers la place, l'ennemi y avoit braqué plusieurs pièces de canon, et s'étoit placé dans les maisons, d'où il fit un feu d'enfer sur nous. Je fis arrêter la troupe, et Marceau m'envoya à l'instant du canon pour empêcher les brigands d'avancer sur nous , car nous étions dans ce moment en bien petit nombre. Marceau fit filer une colonne qui s'empara de la route de Paris, moi je fis garnir toutes les rues adjacentes à la place , toute la nuit le feu du canon et de la mousqueterie ne discontinua pas, chacun tenoit sa position , le général Kleber qui avoit été le plus éloigné avec sa division arrive aussi , il se place devant le Mans , mais il m'envoie sur le champ de la troupe fraîche pour relever celle qui étoit abîmée de fatigues. Marceau , par précaution , s'occupoit à faire abattre et combler les retranchemens et à faire évacuer les fauxbourgs de tout ce qui étoit tombé en notre pouvoir. Toute la nuit , quoique deux fois je me fusse trouvé mal , par les blessures que j'avois reçues , le défaut des subsistances et la fatigue , je ne lâchai pas prise ; et le 23 , à la pointe du jour , je mis pied à terre et fis avancer le canon. A la tête de l'infanterie nous avançâmes avec tant de précipitation sur l'ennemi , qu'en moins de six minutes je me rendis maître de la place , des équipages et du canon ennemi. Sans m'arrêter un instant dans la ville , je le suivis sur la route de Laval, où à

chaque pas des centaines et des milliers de
brigands trouvèrent la mort, ils se dispersè-
rent dans les bois abandonnant leurs armes,
les citoyens des environs les traquèrent et les
ramenèrent par douzaine, tous furent taillés
en pièces, je les serrai de si près, que les prin-
cesses et marquises abandonnoient leurs voitures, et barbottoient dans la crotte, les canonniers leurs canons, et les charretiers leurs
caissons et leurs équipages. C'est sur des monceaux de cadavres que le 24, au soir, je suis
arrivé à Laval, avec ma cavalerie et artillerie.
L'ennemi avoit passé et quitté cette ville avec
précipitation et dans le plus grand désordre, au
point que les femmes désarmèrent les traînars.
Je suis l'ennemi à Craon, de-là à Saint-Marc,
chaque pas, chaque ferme, chaque maison
devinrent le tombeau d'un grand nombre de
brigands.

Le 26, l'armée catholique et royale arrive à
Ancenis ; où elle vouloit passer la Loire ; tous
les bateaux sur la rivière avoient été conduits
à Nantes, par ordre du représentant du peuple
Carrier, en sorte que le passage devenant difficile, les brigands avoient pris dans un étang
près de Saint-Marc, une petite nacelle dans
laquelle

laquelle la Roche-Jacquelin et Stofflet, deux de
leurs chefs, ont passé les premiers la Loire ;
mais suivant les rapports , tous deux en dé-
barquant ont été fusillés par nos troupes.
L'ennemi résolut de forcer le passage , il prit
à Ancenis tous les tonneaux , poutres et planches pour former des radeaux ; mais le 27 , au
matin , je me trouve devant lui , et fais lancer
quelques boulets au milieu des travailleurs,
sur la rive et dans la ville. Cela donne l'allarme,
toutes les cloches sonnèrent à l'instant , et les
cris : *aux armes !* se firent entendre de toutes
parts ; l'armée royale sort d'Ancenis et se porte
sur moi , je fais ma retraite comme à l'ordinaire sur Saint-Marc , et après bien de la fatigue l'ennemi retourne sur Ancenis , peu satis-
fait d'avoir perdu une journée aussi précieuse
pour son passage. Cependant il se remit au
travail , j'envoie un espion à Ancenis , et je
fais donner la fausse nouvelle que notre armée
étoit arrivée à Saint-Marc pour attaquer Ancenis le lendemain à la pointe du jour. Cette
ruse réussit parfaitement , l'on vouloit préci-
piter l'ouvrage. Les radeaux s'enfoncèrent sur
la Loire et beaucoup de brigands se noient.
Cinq de leurs chefs désespérés , prirent la fuite,

une quantité débandés se portent sur Varades, et y trouvent la mort, l'armée évacue Ancenis le 28, à la pointe du jour. J'en fus averti, aussitôt je me porte sur cette ville, plusieurs cents brigands y avoient resté. Tous furent taillés en pièces, l'ennemi a évacué avec tant de précipitation, qu'il a abandonné beaucoup d'équipages, chevaux, bœufs et neuf pièces de canons de gros calibre.

Ces expéditions finies, je suîs l'ennemi qui s'étoit porté à Norte ; chemin faisant j'apprends que quelques cents brigands avoient resté au village des Touches ; il pleuvoit à verse et faisoit beaucoup de vent, j'en profite ; à onze heures de la nuit, j'entre ventre à terre dans ce village, tout ce qui se présente est renversé par ma cavalerie. Je place des postes aux deux extrémités du village, le reste de ma cavalerie mit pied à terre, et réveilla les brigands endormis à coups de sabres. Le massacre fut énorme et dura quatre heures. Cette expédition m'ayant si bien réussi, je résolus de donner le même réveil à l'armée catholique à Norte. J'envoie une patrouille pour sonder le terrein. Elle avoit trouvé le pont gardé et deux pièces de canons braqués. Je voulois absolument ne pas laisser un moment de repos à l'ennemi ; j'envoie une seconde patrouille , avec ordre de se mettre hors la route et de tirer quelques coups de carabines sur le poste du pont. L'alerte fut donnée et la générale fut battue aussitôt. J'approche de Norte vers cinq heures du matin ; le 29 , j'entends de loin les canons et équipages filer , un poste de cavalerie étoit placé au pont pour favoriser l'évacuation de ce bourg , je tombe sur ce poste , plus de deux tiers furent massacrés , et le reste pris la fuite ; j'entre ventre à terre dans Norte , plus de 1200 brigands y étoient encore , trois à quatre cents se rendirent, beaucoup furent taillés en pièces et le reste se sauva débandé et fut ramené par les citoyens des environs. Plus de cent chevaux devinrent notre prise de ce jour.

Sans débrider , je suis l'ennemi sur la route de Blains , où il arriva le 29. Je charge le derrière de sa colonne , la cavalerie entra même au milieu des brigands et les engagea amicalement à jetter leurs armes et à se rendre , tous crièrent à la tête de la colonne de s'arrêter , qu'ils vouloient se rendre. Marigny un de leurs chefs arrive avec de la cavalerie et sabre les benêts ; ma cavalerie rebrousse chemin sans essuyer un coup de fusil. Je m'étois arrêté à Norte pour dépêcher une ordonnance au général en chef , pour lui apprendre la marche de l'ennemi ; au moment que j'arrivai , je fis charger la queue de la colonne de l'armée royale , très-peu périrent dans cette occasion ; Marigny embusca son infanterie et braqua sur moi du canon , ce qui m'arrêta tout court : mes chevaux , pour ainsi dire , tous déferrés et harrassés de fatigue , je laisse partir tranquillement monsieur de Marigny , qui le même soir est arrivé à Blains , et je retourne à Norte , en plaçant des avant-postes. Toute la journée les habitans des campagnes , avec les propres fusils des brigands , les traquèrent dans les bois et les emmenèrent par pelotons , tous furent mis à l'instant à mort , à l'exception de 300 , que j'envoyai à Nantes. Le même soir , il m'est arrivé un secours d'environ 600 hommes d'infanterie ; j'ordonne le départ pour le lendemain 30 ; à quatre heures du matin , je pars avec ma cavalerie , et par une grande négligence l'infanterie ne partit que vers 7 heures , à l'exception de 150 hommes détachés qui me suivirent. J'arrive à 7 heures au premier pont devant Blains, l'ennemi l'avoit coupé ; j'apprends qu'à 8 heures l'armée catholique devoit célébrer une grand-messe , je fais mettre l'infanterie en croupe derrière les cavaliers et je passe ainsi la rivière. J'embusque mon infanterie et j'avance sur Blains avec la cavalerie au moment où on se rendoit à la messe ; je fais faire feu sur les avant-postes ennemis , ils prirent la fuite et se retirèrent derrière leurs canons. Le tocsin sonne et le canon ronfle, l'ennemi sort de la ville et se précipite sur moi ; je me retire derrière mon infanterie qui fit un feu de file sur l'ennemi et en jetta quelques-uns par terre.

J'avois placé dans un fond, couvert par une forêt, assez de chevaux pour recevoir mon infanterie qui se retira aussitôt et passa l'eau. Je la suivis de près , et nous restâmes deux heures en observation l'un devant l'autre. L'ennemi se retire, le reste de mon infanterie arrive, et la grand-messe sonne une seconde fois. Je forme la résolution d'une seconde attaque. Je voulois faire passer l'infanterie sur les chevaux; un capitaine d'infanterie de la légion des Francs, nommé Vaillant, se précipite, passe la rivière à pied. Seul de l'autre

côté , il crie : *vive la République*! Toute l'infanterie suit son exemple, la cavalerie passe
aussi , et nous courons tous pour entendre
la grand-messe de l'évêque d'Agra ; mais ce
monsieur nous fit arrêter tout court par un
feu de file et une bordée de boulets ; nous
fûmes obligés de repasser la rivière : ici, j'ai
perdu un homme , qui s'est noyé en voulant
passer avec trop de précipitation.

Je place ma troupe dans des fermes voi-
sines ; et n'ayant pas reçu des nouvelles de
l'armée , je pars pour Nantes pour en apprendre et en entre-parler avec les représentans du peuple.

La même nuit , je reçois une lettre de
Marceau , qui m'annonce qu'il arriveroit le
lendemain , premier nivôse , au soir , pour
attaquer Blains par la droite , tandis que je fe-
rois une fausse attaque de front. Profitant de
la nuit , l'ennemi coupa le second pont devant Blains ; ce qui rendoit mon attaque bien
difficile. L'eau étoit profonde et je n'avois pas
d'autre retraite ; enfin , l'armée royale , ins-
truite de l'arrivée de notre armée , prit le parti
d'évacuer Blains la même nuit , et le 2 au

matin , pendant que je m'occupois à faire ré-
parer le pont et à faire passer les rivières à
mon infanterie sur ses chevaux , Marceau
entra dans Blains et fit tuer un grand nombre
de brigands qui y étoient restés. Sans m'arrêter, je suis l'ennemi sur la route de Savenay;
grand nombre de traîneurs furent mis en pièces
tout le long de la route. L'armée catholique
ne fut pas arrêtée une heure dans Savenay,
que j'attaque ses avant-postes ; l'ennemi sort
et se porte sur moi, en m'envoyant des boulets l'un après l'autre. Je fais ma retraite et
l'ennemi me poursuit à une lieue où je lui
fais front sur une hauteur. Plus d'une heure
nous restons en observation l'un devant l'autre;
enfin lassés , les brigands se retirent dans Savenay. Cette attaque a donné le tems à notre
avant-garde d'arriver. Je place en position , sur
le flanc de la route , une pièce d'artillerie lé-
gère ; j'embusque l'infanterie et j'attaque une
seconde fois les postes ennemis avec ma cavalerie. L'ennemi sort avec beaucoup de précipitation de la ville , suivi d'une pièce de
huit , se jette sur moi ; je me replie derrière
mon canon qui salua les brigands d'une rude
force. A l'instant l'infanterie embusquée fit un

feu de file et courut dessus , la cavalerie charge et la pièce de huit fut prise ; nous poursuivons l'ennemi en déroute , nous en tuons quelques-uns ; il gagna une petite forêt devant Savenay , et la nuit nous empêcha de pousser notre victoire plus loin. L'armée arrive et prend position à une demi-lieue de Savenay , l'avant - garde resta près de cette ville toute la nuit sans feu. Vers minuit , je place une pièce de 8 à l'avant-garde , et je fais avancer des patrouilles sur les deux flancs. Je commence la canonnade , l'ennemi riposte toute la nuit. Je m'éloigne beaucoup sur la gauche , pendant que l'on amusoit les brigands sur la route , je fais la reconnoissance de la ville. En revenant je dis aux soldats : Demain , c'est la fin de la guerre.... Vers trois heures du matin , je me retire et prends un peu de repos. Le 3 à la pointe du jour , Marceau fit battre la générale et chargea Klebert et moi de l'attaque. Sans nous attendre , l'ennemi s'avance sur notre avant-garde qui se replie sur la division de Cherbourg , tandis que moi je conduisois la division de Klebert avec le général Canuel à un chemin sur la gauche pour couper la ville et entrer par derrière. Klebert

se

se chargea du front et de la droite. La division de Cherbourg fonce sur l'ennemi avec son courage ordinaire. Déjà nous paroissons sur la hauteur, derrière la ville, lorsque les brigands nous apperçoivent. Bientôt ils se sauvèrent à toutes jambes en criant hautement à la trahison : tout le monde court dessus, et Savenay est à nous. Nous fîmes une boucherie horrible ; les dernières 6 pièces de canons, quelques caissons, équipages, trésor, etc. tout tomba en notre pouvoir. Marceau et les autres généraux avec les représentans du peuple Prieur et Tureau suivirent l'ennemi sur la droite, très-peu leur échappèrent. Partout on ne voyoit que des monceaux de morts ; moi je me suis attaché à quelques pelotons de cavalerie et d'infanterie qui s'étoient sauvés sur la gauche, tous furent noyés ou taillés en pièces. Les brigands qui échappèrent cette journée à la mort furent traqués, tués ou ramenés par les habitans des environs. Dans la banlieue de Savenay seule, plus de 6,000 ont été enterrés. C'est ainsi qu'une armée forte, au Mans, le 22 frimaire, de 80 à 90 mille hommes, fut complettement détruite dans 12 jours, par le génie et le courage des soldats

D

républicains , qui tous , pour ainsi dire , ont amassé des trésors des dépouilles des ennemis de la République.

Signé , WESTERMANN.

www.ingramcontent.com/pod-product-compliance
Lightning Source LLC
Chambersburg PA
CBHW051737050726
47598CB00003B/1230